Анна
Андреевна
Ахматова

[俄] 安娜·安德烈耶夫娜·阿赫玛托娃 著

戴骢 译

# 镜中的缪斯

阿赫玛托娃诗选

**外语教学与研究出版社**

北京

雅众文化 出品

# 我的小传

  我于1889年6月11日（公历23日）生于敖德萨近郊（大喷泉）。其时，我父亲是退伍的海军机械工程师。我一周岁时，随家北迁皇村。我在那里一直住到16岁。

  我识人事后最早印在我脑海中的是皇村的景物：一座座树木蓊郁、浑然天成的公园，保姆时常领我去玩的牧场，毛色斑驳的马驹在其间驰骋的跑马场，以及古色古香的火车站等地方。后来我把这一切都写进了《皇村颂》一诗。

  每年我都到塞瓦斯托波尔郊外濒临斯特列雷茨基湾的海滨去避暑，在那里我终日与大海为友。那些年给我留下最强烈的印象的是赫尔松涅斯古迹。我们的住地离这个镇很近。

  我的启蒙读物是列夫·托尔斯泰编写的识字课本。到了五岁那年，我就去旁听女教师给哥哥、姐姐上课，也跟着他们讲起法语来。

我写第一首诗时，只有 11 岁。我开始写诗时仿效的不是普希金和莱蒙托夫，而是杰尔查文（《庆贺皇子诞生》）和涅克拉索夫（《严寒，通红的鼻子》）。这类诗我妈妈都能倒背如流。

其后，我进皇村女子中学就读。起初的成绩很差，后来大有长进，但是我一直对上课没有多大兴趣。

1905 年，我的父母分居，妈妈带着我们一群孩子回到南方。我们在叶夫帕托里亚住了整整一年。我在家里自修中学最后两学年的课程，心里始终不能忘怀皇村，写了大量怀念皇村的平庸的诗歌。1905 年革命的回响终于隐隐约约地传到了与世隔绝的叶夫帕托里亚。我便去了基辅，在丰杜克列耶夫中学读完中学最后一年。1907 年，我在该校毕业。

随后，我考入基辅女子高等学校法律系。起初，在攻读法学史，特别是学拉丁文时，我对学校极为满意，可后来学习纯粹的法律课程时，我对学校的兴趣就冷淡下来了。

1910 年（俄历 4 月 25 日），我嫁给尼·斯·古米廖夫，我们俩一起去巴黎度蜜月。

那时，在巴黎热闹的市区修筑一系列林荫大道（如 Raspail[1] 林荫大道）的新工程（左拉对此有过描绘）尚未最后

---

1 法语，地名，音译为拉斯帕伊。

竣工。有一次，爱迪生的朋友韦尔纳在 Taverne dc Pantéon[1] 指给我们看两张桌子，说："这两张桌子是你们的社会民主党人的，这张桌子是布尔什维克坐的，那张是孟什维克坐的。"巴黎妇女的爱好变化无常，忽而穿短裙裤（jupes-culottes），忽而又改穿下摆紧的直筒裙（jupes-entravees）。诗坛一片荒芜。诗集只是因为印着有名气大小不等的画家的装饰画才有人购买。那时我已明白，巴西的美术吞灭了法国的诗歌。

我迁居彼得堡后，在拉耶夫历史文学学院就读。这时我已从事诗歌创作，这些诗后来都收进了我的第一部诗集。

有一次，人们给我看英诺肯季·安宁斯基[2]的《柏木雕花箱》的校样，我对这部诗集大为叹服，我捧读着诗集，忘却了尘世的一切。

象征主义到了 1910 年已明显地趋于衰颓。新起的诗人已不再追随这个流派。有的归附未来派，有的加入阿克梅派[3]。我与"诗人第一车间"的同道曼德尔施塔姆、津克维奇和纳尔布特一起，成了阿克梅派。

1911 年的春天，我是在巴黎度过的，在那里我目睹了俄

1　法语，意为先贤祠饭店。

2　英诺肯季·费奥多罗维奇·安宁斯基（1856—1909），俄罗斯诗人，属颓废派。其诗集《柏木雕花箱》出版于 1910 年。

3　阿克梅派，20 世纪初俄国的一个现代主义诗歌流派。代表人物有古米廖夫、戈罗杰茨基、阿赫玛托娃、曼德尔施塔姆等，他们围绕着《阿波罗》杂志（1909—1917）集结在一起，成立"诗人第一车间"小组。阿克梅源出希腊文，即"最高级""顶峰"之意。

罗斯的芭蕾舞首次获得成功。1912年，我周游了意大利北部（热那亚、比萨、佛罗伦萨、博洛尼亚、帕多瓦、威尼斯）。意大利的绘画和建筑给我留下了强烈的印象，它们好似梦境一般，使我终生难忘。

1912年，我的第一部诗集《黄昏集》问世。一共才印了三百本。批评家们对这部诗集是赏识的。

1912年10月1日，我的独生子列夫出世。

1914年1月，我的第二本诗集《念珠集》出版。可是它的生命只延续了六个星期左右。到5月初，彼得堡时代就濒临结束了，人们纷纷离开彼得堡，各奔东西。这次跟彼得堡的分离可以说是永别。待我们回来时，已不再是彼得堡而是彼得格勒[1]了，一下子从19世纪进入了20世纪，从城市的外貌起，一切都焕然一新。世界发生了这些大事，一个初出茅庐的作者写的一部抒发爱情的小小的诗集淹没在这些大事之中，看来是理所当然的。时代另有安排。

每年夏天，我都去原特维尔省距别热茨克15俄里（约16公里）的地方避暑。那里景色并不优美，在丘陵上，被开垦出来的、方方正正的田地到处可见，还有磨坊、泥坑、干涸的沼泽、"闸门"和庄稼……我在那里写就了《念珠集》和《白鸟集》中的许多诗篇。《白鸟集》在1917年9月问世。

---

1　彼得堡于1914年改名彼得格勒，1924年又改名为列宁格勒。

读者和批评家们对这本诗集是不公正的。不知为什么，他们认为这本诗集不及《念珠集》。这部诗集是在比《念珠集》更严酷的形势下问世的。交通都已停顿，书甚至也无法发行至莫斯科，全是在彼得格勒一地售完的。杂志都停刊了，报纸也一样。因此，《白鸟集》不可能像《念珠集》那样在报刊上引起轰动。饥馑和经济崩溃的恶况一天比一天严重。奇怪的是，人们今天在评论这部诗集时，竟没有把这些情况考虑进去。

十月革命后，我在农学院图书馆工作。1921年，我的诗集《车前草集》出版。1922年，另一本诗集《Anno Domini》出版。

大约自20世纪20年代中期起，我怀着巨大的兴趣，潜心尽力地研究旧彼得堡的建筑和普希金的生平与创作。我写成了三篇研究普希金的文章：论《金鸡》、论邦雅曼·贡斯当[1]的《阿道尔夫》和论《石客》。这三篇论文都在当时先后发表了。

此外，近二十年来我一直在写《亚历克山德丽娜》[2]《普希金在涅瓦海滨》和《普希金在1828年》等三篇论文，它们大概将收入我的专著《普希金之死》一书……

1941年卫国战争爆发时，我在列宁格勒。9月底，列宁

1  邦雅曼·贡斯当（Henri-Benjam Constant de Rebecque, 1767—1830）：法国自由资产阶级政治活动家，政治家和作家。原籍瑞士，1795年入法国国籍，《阿道尔夫》是他的著名长篇小说，普希金对它有很高的评价。

2  亚历克山德丽娜是普希金的妻子娜塔丽娅·尼古拉耶芙娜·冈索罗娃的妹妹。

格勒已被围，我乘飞机转移至莫斯科。

1944年5月前，我一直住在塔什干，那几年我没有一天不到处打听列宁格勒和前方的消息。

我同其他诗人一样，经常去军医院探望伤员，为他们朗诵诗歌。在塔什干，我平生第一次体会到了在烈日炎炎的日子里，树木的绿荫和淙淙的流水是什么样的味道；我还体会到了什么叫作人的善良，因为在塔什干我经常生病，而且病得很重。

1944年5月，我乘飞机回到春光明媚的莫斯科。这时莫斯科充满了欢乐的希望，胜利已指日可待了。6月我回到了列宁格勒。

我的故里已成了一个可怕的怪影，令我大吃一惊，我用散文对我这次重返故里作了描绘。也就在那时，我写了两篇随笔《三枝丁香花》和《在死神家做客》。后者描述在捷里奥克前方的一次诗词朗诵。散文对我来说一向是神秘而又诱人的。我历来只懂得诗歌，对散文一窍不通。大家对我的第一篇试作都大为欣赏，当然，我并不信以为真。我把左琴科叫米。他指点我删掉了一些句子，说其余的都还叫以，这使我很高兴……

我很早就对文学翻译感兴趣了。在战后年代我翻译了很多作品，现在我仍在翻译。

1962年，我完成了《没有主人公的叙事诗》，这部长诗写了 22 年。

去年冬天，在但丁诞生纪念日前夕，我又听到了意大利语——我先在罗马小住，后来又去了西西里岛。1965 年春，我访问了莎士比亚的故乡，观赏了大不列颠的天空和大西洋，会见了老朋友，结识了新朋友，此后又一次访问了巴黎。

我至今没有停止写诗。对我来说，诗歌是我和时代、和我的人民的新生活联系的纽带。我在写诗时，整个身心都沉浸在响彻着我国可歌可泣的历史的旋律之中。能生活在这样的年代，见到一系列没有前例的事件，我感到幸福。

**安娜·阿赫玛托娃**

1966 年

Ⅰ

《黄昏集》选译

## "太阳的形象在我心底凋零……"

太阳的形象在我心底凋零，

比哀草更萎谢。

悠邈的悲风在空中踽踽独行，

携来点点早雪。


窄窄的渠道不再有潺潺的水声，

渠水已经成冰。

这里从未发生过任何事情，

啊，从未发生！


柳树扇形的枝丫伸向空蒙的昊天，

卸去了絮絮柳叶。

或许我不同你缔结姻缘，

就不致这般凄切。


太阳的形象在我心底凋零，

这是什么？黑暗？

也许是！……严冬趁着夜阑人静

骤然来到了世间。

1911 年

## 诀别之歌

我步履虽还轻盈，

但酥胸已寒冷似霜。

昏昏然连左右都分不清，

竟把左手的手套戴到了右手上。


我一步步往下走，台阶似乎没有尽头，

可是我明明知道只有三级！

残秋在槭树间悄声央求：

　"跟我一起去死！


我受尽了命运的簸弄，

这凄凉、无常、凶狠的命运。"

我回答说："亲爱的，我和你相同。

我愿伴你一起凋殒……"


我吟咏着这首诀别的离曲，

匆匆瞥了一眼黑黝黝的房厅，

只有那间卧室内还燃着几支蜡炬，

吐出冷漠昏黄的寒影。


1911 年

## "我活在世上……"


我活在世上，好比挂钟上的杜鹃，
但我并不艳羡林中鸟儿自由的翩跹。
人们给我上弦——我就咕咕地啼叫，
你知道吗，这样的运道
我只巴望
仇人同我分尝。


1911 年

## "心同心无法锁在一起……"

心同心无法锁在一起，
只要你愿意，你就离去。
凡是一个人不受感情的拘縻，
无限的幸福就可任他摄取。

我不会哭泣，不会伤心，
反正我从来也不曾得到过幸福。
别吻我，别吻我这疲惫的女人，
因为死神就要来把我亲吻。

我度过了多少孤寂的晨昏，
陪伴我的只有白茫茫的冬季。
冬季呀，为什么，为什么我的情人
偏偏不及你?

1911 年

## 欺骗

——献给 M.A. 戈连科

1

多丽的春晖使那天的早晨陶醉，
凉台上玫瑰的芳香分外的妩媚，
碧澄澄的天空比蓝色的瓷器还要明亮数倍。
我捧着那簿子，由柔软的羊皮做封面和封背；
那是献给我祖母的哀诗和情诗的荟萃，
我在其间浅吟低徊，留恋忘归。

我遥遥地望到那条大道通向庄门，
路旁的石柱立在绿玉般的草地上洁白似云，
啊，心在恋爱，爱得盲目而又销魂！
一切都在欢笑：无论是绚丽的花茵，
无论是空中乌鸦刺耳的噪声，
还是林荫道深处那拱形的丘坟。

2

热风拂来阵阵暑气，
烈日烤灼着双臂，
我头上的苍穹，
好似蓝色的玻璃。

在盘根错节的小树林里，
蜡菊散发出干燥的气息，
在云杉粗糙的树干上，
匆匆地奔走着一长串蝼蚁。

池塘懒懒地闪烁着银色的波光，
生活不再像过去那么忧伤……
我躺在五颜六色的吊床上时，
谁将进入我的梦乡？

3

湛蓝的黄昏。风已温柔地停息，
明亮的灯光在呼唤我返回宅第。
我思忖，猜测。是谁来了？
会不会是未婚夫来到了我家里？……

凉台上有个熟悉的身影，
我依稀听到有低语悄声，
啊，我感到心荡神驰的慵倦，
这是过去从未有过的情形。

杨树在簌簌耳语，不安而又忐忑，
温存的睡梦前来把它们轻轻抚摩，
天空变得像乌鸦那样的颜色，
繁星没有一丝光泽，只泛出病恹恹的苍白。

我捧着一束洁白的紫罗兰，

里边隐藏着一团秘密的火焰，

好让那人从我怯弱的手里接过花时，

碰着我的手心，体味到我手的温暖。

**4**

我谱写了一首诗，把情怀倾诉，
却久久没有勇气把它诵读，
我的头在隐隐地作痛，
我的身子已经奇怪地麻木。

远处的号角声已经静息，
我心里却充满难以解开的谜，
轻盈的秋雪
纷纷飘到槌球戏的场地里。

最后的几片残叶在窸窣发响！
折磨着我的是最后几缕冥想！
他既然习惯于欢乐
又何必要他陪着我凄怆忧伤。

我原谅那两瓣可爱的嘴唇

给我的残酷、戏谑的吻……

啊，你明天驾着雪橇上我家来吧，

沿着初雪的橇道，留下长长的橇痕。


客厅里将点燃一支支蜡烛，

烛光在白天显得更加柔和，

家人会从温室里，

拿来玫瑰花束。


1911 年

## 短歌

旭日初升，
我就跪在菜园里，
拔除着滨藜，
歌唱着爱情。

我拔出一株，摺在地上，
但愿它原谅我的心狠。
我看到有个赤脚的小姑娘，
靠在篱笆上啼哭，哭得那么伤心。

呼天唤地的哭声，
使我胆战心惊，
死去的滨藜发出越来越浓的气息，
热腾腾地笼罩了田埂。

我将遭到凶狠的报应，
得不到丝毫的收成，
我头上只有落寞的天空，

耳畔只有你的悲哽。

1911 年

## 在白夜

唉，我没有把房门关上，
也没有把蜡烛点亮，
我虽然已疲惫不堪，
可是我不想睡觉也不想上床。

我透过一簇簇的针叶
望着光带在沉沉的暮霭中熄灭，
我听到了好似你的声音，
这声音使我迷醉，使我喜悦。

我明白一切都已失去，
生活不过是万劫不复的地狱！
啊，我却一直深信
你还会回来，重拾旧谊。

1911 年

## "风啊，埋葬我吧……"

风啊，埋葬我吧，埋葬我吧！
我的亲人都已将我委弃，
我的头上是一片迷茫的黑夜
还有那沉寂的泥土的气息。

风啊，我也曾似你一般来去自由，
然而我还不想离去。
你瞧，如今我那冰冷的尸体，
没有人来把我双手叠在一起。

请你把沉沉的夜色织成殓尸的丧布
覆盖住这柔肠寸断了的陨灭的躯体，
再唤来瓦蓝色的氤氲的迷雾
给我喃读安魂的祷文，把我吊祭。

为了让我一无留恋地告别人寰，
孑然一身去寻找最后的幻梦，
你喧闹吧，似高高的香蒲一般，

26

把春天，我的春天放声吟咏。

## 缪斯

有位缪斯[1]朝我瞥了一眼，

清澈的目光多么晶莹。

这一眼就夺去了我黄金的指环，

我那第一件春日的礼品。

缪斯！你可曾看到人间是多么幸福——

无论是处女，妇人，还是寡妇……

可我宁愿在浪迹萍飘中成为一堆枯骨，

也强似受这种幸福的束缚。

我知道并且料定，

我也会去采撷那朵柔弱的雏菊。

在这尘世我势必孤单伶仃，

要忍受失却爱情的万般愁绪。

窗扉旁蜡烛一直燃到清晨，

---

1　希腊神话中的九位文艺和科学的女神通称缪斯，都是主神宙斯和记忆女神的女儿，其中司抒情诗的叫埃拉托。

但是我并不思念任何人，

我不想知道，不想知道，不想知道

人们怎么把女郎亲吻。


明天所有的镜子都将嘲笑我：

"你的目光既不清澈，也不晶莹……"

我将轻轻地回答它们的奚落：

"是缪斯夺去了上帝赐予我的礼品。"


1911 年

## 渔夫

渔夫挽起衣袖，裸露出两条胳臂，
清澈的双眸比晶莹的冰还要蔚蓝。
柏油刺鼻的气味令人窒息，
就像你黝黑的皮肤，终日和你相伴。

那件天蓝色上装的衣领，
日日夜夜地敞开着。
渔妇们见到你都止不住啧啧叹声，
脸蛋羞赧得好似有火在焚灼。

连那个天天去城镇
卖掉刀鱼的小姑娘，
也宛若断肠人
夜夜在海岬上踯躅徜徉。

她两腮没有一丝血色，双手精疲力竭，
深邃的目光变得疲惫痛楚，
那些爬到沙滩上来的螃蟹

张开双螯咬着她的纤足。


但是她已不再伸下手去
把螃蟹捕捉住。
她那被忧思损伤了的身躯，
血脉搏动得更加急促。


1911 年

# II

## 《念珠集》选译

请你永远原谅我吧！

　可你知道吗，

在我的诗歌中，

　在爱情的传说中，

　　找不到那两个罪人的名字。

——巴拉京斯基[1]

---

1　叶·阿·巴拉京斯基（1800—1844），俄国诗人。

## "我们再不会共用一只酒杯……"

我们再不会共用一只酒杯，

不会同喝一樽酒，或是一杯水。

我们不会在黎明时刻相吻相偎，

也不会在黄昏时分共眺窗外的落晖。

你追求的是太阳，我向往的是月亮，

而爱情却牢牢地拴住了我俩的心房。


我那忠诚温柔的男友终日和我形影不离，

你那生性愉快的女友天天同你厮守在一起。

我何尝不理解你那灰眼睛中的诧异和猜忌，

正是你害得我形销骨立，病体支离，

然而我们并不增加匆匆幽会的次数，

我们必须珍惜心底的宁静，何苦平添痛楚。


我们并不贪恋俗世的儿女情长

只求在我的诗中有你的清音回荡，

在你的诗中有我的余音袅袅。

啊，有一种火，人们不会忘却，不会恐惧。

然而你可知道，此刻我多么想吮吻

你那干爽的、玫瑰红的双唇！


1913 年

## "我可不会弄错什么是真情什么是假意⋯⋯"

我可不会弄错什么是真情什么是假意，

因为发自心底的柔情安详而又恬淡。

你枉费心机了，何必这样小心翼翼地

把皮裘围住我的胸脯和双肩。

何必这样低首下心地向我诉说

这还是你头一次的爱情，

你频频投来的贪婪的眼波

包含的是什么居心，我早已看清！

1913 年

## "我把男友送至门厅……"


我把男友送至门厅，

在金色的尘埃中伫立有顷。

从隔壁那座钟楼的楼顶，

传出阵阵傲岸的钟声，

我被抛弃了！真是荒唐的措辞——

难道我是一朵花或是一张纸？

我不由得冷峻地傲视

窗扉间那面渐渐昏暗下来的镜子。


1913 年

## "焦虑一天胜似一天……"

焦虑一天胜似一天，

熟透的黑麦发出越来越浓郁的气息。

要是人家把你放在我的脚边，

温柔的人儿呀，你尽管俯伏在那里。

黄鹂在翁郁的槭树上婉转歌唱，

直到深夜也止不住它们的啼声。

我愿意把快活的黄蜂统统赶光，

不让它们挡住你绿莹莹的眼睛。

晚上响起叮叮当当的铃声，

我们永远不会忘却这清越的声音。

别哭了，我唱首歌给你听，

唱那黄昏离别的时分。

1913 年

## "这炎热恼人的白昼漫无尽头！"

——献给 M. 洛辛斯基

这炎热恼人的白昼漫无尽头！

多么难忍的忧郁，多么徒劳的等待！

但苑中的鹿又在鸣声呦呦，

诉说着北极光已排空而来。

于是我相信终将飘起凉爽的雪花，

终将有翠蓝的圣水解救贫困交加的境遇，

在远方叩响的悠扬的古钟声下，

终将有一辆辆小雪橇摇曳着向前驶去。

1912 年

## "你知道吗……"


你知道吗，奴隶生活使我苦不堪言，

我宁愿祈求上帝让我死去，

但是心头却仍然无限眷恋

特维尔贫瘠的村墟。


那里倾圮的井台旁伫立着一只孤鹤，

在它们上边翻滚着像飞沫一般的愁云，

田野上呕呕哑哑地驶过一辆破车，

到处弥漫着庄稼的气息和无边的苦闷。


那边寥廓的天地渺无一物，

连风也只是轻声地唱着悲歌。

那里肤色黝黑、无所企求的村姑

目光中满含着谴责。


1913 年

## "亲爱的，别把我的信揉成一团……"


亲爱的，别把我的信揉成一团，
奉劝你，朋友，还是把它看完，
我不愿再装得和你素不相识，
躲躲闪闪的生活我已厌倦。

不要这样看我，不要恼怒地蹙紧眉头，
我是你的，是你心爱的密友。
我不是牧女，不是公主，
更不是修女，已把红尘看透，——

纵然我那灰不溜丢的裙子毫不打眼，
鞋后跟也已歪斜得很不雅观……
但是我的拥抱仍像过去一样炽烈，
往日的恐惧也仍旧主宰着我的两眼。

亲爱的，别把我的信揉成一团，
不必为了心底的虚伪而泪水涟涟
还是把信放到寒碜的背囊里去吧，

要放在底层，放在最最下面。

1912 年

## "我知道……"

我知道，我知道，这刺耳的声响
又是滑雪板在轧轧歌唱。
火红的月亮挂在暗蓝的天上，
牧场欢快地倾斜着，伸向远方

宫殿精致的窗户上闪烁着灯光，
它们正在离去，悄然而又匆忙。
周遭既没有大街，也没有小巷，
唯有黑洞洞的冰窟窿孤独忧伤。

垂柳，你这美人树呀，
别挡住我的去路！
披满白雪的树枝上歇着一群乌黑的寒鸦，
收留下它们吧，让它们也有个栖身之处。

1913 年

## "星期天正午时分……"

献给诗人亚历山大·勃洛克 [1]


星期天正午时分，

我前去造访诗人，

宽敞的书斋一派恬静

而户外却是那样寒冷。


一轮殷红的太阳

高悬在灰蒙蒙的烟霭上……

那样关切地将我凝视，

如同沉默寡言的主人一样！


诗人的那双眼睛，

见过的人都难以忘情。

最好看都不要看它，

我要步步谨慎，切不可忘形。


但是星期天正午时分

---

1　亚历山大·勃洛克（1880—1921），俄国 19 世纪末 20 世纪初著名诗人。1904 年出版的《美妇人诗集》是其成名作，勃洛克因其神秘主义和唯美主义色彩成为俄国象征主义诗歌流派的代表人物。

在涅瓦河口附近
那幢灰色高楼内的畅谈，
我却永远铭记在心。

1914 年 1 月

## 记忆之声

——献给奥·阿·格列鲍娃 – 苏杰伊基娜

在这落霞映红了天际的时刻，
你凝眸望着墙壁，究竟看到了什么？

是在静静的蓝海上翱翔的沙鸥，
还是佛罗伦萨的花园亭楼？

还是皇村那座巨大的公园，
你曾在那里害怕得逡巡不前？

或是看到了曾经跪在你膝旁的那个人，
他不再做你的俘虏，投入死神的怀抱？

不，我只看到行将熄灭的晚霞，
殷红地映照在墙壁上。

1913 年

# III

# 《白鸟集》选译

我感到痛苦，连夜间的道路也是明亮的。

——安宁斯基

## 幽居

人们向我们投掷那么多的石子，

以致我对它们也毫不在乎，

陷阱终于变成挺秀的塔楼，

高过了世上所有的高塔。

我感激修造这座塔楼的匠人，

愿他们的忧虑和烦恼化为乌有。

从这里我可以早早地观赏落霞烟云，

太阳最后一线光芒在这里逗留遨游。

北方海洋的劲风，

不时吹进我卧室的窗棂，

白鸽在我手上啄食着麦子……

至于那首我没有写完的诗，

就由缪斯这位宁静、轻盈的女神

挥动黝黑的手将其续成一篇佳品。

1914 年

## "他像烈日般爱我，爱得那么妒忌……"

他像烈日般爱我，爱得那么妒忌，

那么疑神疑鬼而又温存体贴，

为了不愿听到我的白鸟把旧事重提，

他竟残忍地把这鸟儿杀掉。


他在暮色中步进穿堂，若无其事地对我讲：

"你要爱我，欢笑着写你的诗歌！"

我把快乐的鸟儿埋了，免得它的幽魂萦绕，

坟茔就筑在圆井后的老杨树旁。


我答应他绝不哭泣，

然而我的心已像石头般坚硬，

不管什么时候，不管走到哪里，

我仿佛听见那鸟儿甜美的声音不绝。


1914 年

## "缪斯踏上秋日陡峭的狭道……"


缪斯踏上秋日陡峭的狭道,
飘然离去,不再把我眷顾,
她那黑黝黝的双脚。
沾满大滴大滴的寒露。

我央求了她好久,
请她等到冬天再同我一起离去,
可她却说:"这里是一座坟丘,
亏你怎么还能喘得过气?"

我想把一只母鸽馈赠给她,
这是鸽群中最洁白的珍禽,
可是母鸽没等我把它擒拿,
就自己飞去追我那位绰约的嘉宾。

我默默地望着它振翼远去,
这是我唯一心爱的珍禽,
一抹落霞飘浮于太虚,

好似保护那母鸽的城门。

1915 年

## "漆黑的路途弯弯曲曲……"

漆黑的路途弯弯曲曲，

天上飘着蒙蒙细雨，

有个人向我请求，

要送我回去。

我答应了，却忘抬起眼睛，

瞧瞧是谁陪我同行，

可事后对一路上的情景，

怎么也无法忘情。

霏霏的浓雾飘飘荡荡，

好似无数僧人在摇炉烧香，

我的伴侣哼起一支歌，

唤起了我心底无尽的忧伤。

我忘怀不了那扇古老的大门，

和我同行的陌生人

就是在这里与我告别，

他向我道声："对不起您……"

把一枚铜十字架放到我手里，

就像是我的同胞兄弟……

从此无论我走到哪里，

那支草原的歌儿总是萦回于耳际。

哎，我已坐立不安，身不由己，

我难过，我哭泣。

快来吧，我的陌生人呀，

我在把你寻觅！


1916 年

## 别离

我的面前是一条

暮色苍茫的坡道。

钟情的人儿昨日还向我央求：

"不要把我忘掉。"

可是今朝只留下阵阵的凄风

和牧人的呼声，

以及清泉旁那几棵雪松

投下的焦躁不安的疏影。


1914 年

## "每天黄昏……"


每天黄昏

我都收到未婚夫的来信，

到了深夜时分

我便给了他的回音。


"在走向黑暗的长途中，

我正在白色的死神家作宾，

我的爱人，你要自重

切不可欺凌世上任何人。"


在两棵树干中间

伫立着一颗硕大的星星，

星星宁静地许下诺言，

应允世人实现他们的梦境。


1915 年于许文卡

## "秋日旷野的泥土……"


秋日旷野的泥土

松软而又温暖……

可是雁群已在频频召唤

那负伤的孤雁


我这病弱的妇人谛听着群雁

在低垂的云端和茂密的芦苇丛里

扑棱着金色的羽翼，

发出敦促的长啼：


"时候到了，该登程了，

去飞越旷野，飞越河流，

既然你再也无法施展歌喉，

那就举起你羸弱的手

抹去腮上的泪珠和忧愁。"


1915 年

## 致爱人

不要再放信鸽来找我了，

不要再给我寄焦虑不安的信了，

不要再让三月的风吹拂我的脸了。

昨天我已升入天堂，

那里白杨绿荫葱茏的帏帐，

是我的肉体和灵魂安息的地方。


从那里我可以俯视市镇，

瞥见宫殿外的岗亭和营房

还有冰上中国式的杏黄的长桥。

你等了我许久，冷得打着寒噤，

却又不愿回去，在台阶上将我翘望，

你只是奇怪，怎么又添了不少星星。


我把灰色的松树放到赤杨树上，

我让胆怯的伶鼬东奔西撞，

我还把天鹅唤到你的周围，

好让我的未婚夫在淡蓝的飞雪中

不致害怕惊恐，

宁静地等待亡妻来和他相会。

1915 年于皇村

# IV

# 《车前草集》选译

你至少应当知道
你所喜欢的声音。

——普希金

## "因为心头无限欢快……"


因为心头无限欢快，

天刚拂晓我已醒来，

透过邮船的舷窗，

观赏着波浪滔滔的蓝海，

或者步上甲板去仰望满天的阴霾，

我裹着轻软厚实的皮袄，

听着轮机的轰鸣，

心里什么也不想，

但是已经预感到

即将同我的意中人相会，

海风同飞溅到我身上的咸咸的海水，

使我年轻了许多许多岁。


1917 年

### "我问布谷鸟……"

我问布谷鸟，

我能够活多少岁……

松树摇晃了一下树梢，

黄黄的日光照着了青草。

可是嫩绿的密林里没有一声鸟叫……

我只好回家去，

凉风轻揉地吹拂着

我发烫的额角。

1919 年

## "整整一个星期我不跟任何人讲话……"


整整一个星期我不跟任何人讲话，

独坐在海边的岩石上，望着浪花，

我喜爱绿色的波涛溅起的飞沫，

咸咸的，好似我泪水的味道。

我一生已度过不少寒冬和阳春，

可只有一个春天才牢牢印入我心。

夜晚日益温暖，大地已冰融雪化，

我步出家门，去探望月亮。

当我只身走到幼小的松树间，

一个陌生的男人轻声向我问道：

"你是否就是那个人，我为找她走遍了天南地北，

你是否就是我从幼年起，

就为之高兴和忧伤的亲爱的妹妹？"

"不！"我回答那个陌生人的问话。

可是当月亮照亮了他的脸，

我就把双手伸给了他，

他馈赠给我一枚神秘的指环，

好让我不受爱情的践踏。

他告诉我那地方的四个标记

那里将是我们兄妹的重逢之地：

海洋、圆圆的海湾、高高的灯塔，

以及苦艾，我们最有可能重逢在苦艾之下……

生活怎么开始，就让它怎么结束吧，

我对他说，我已心领神会：阿门！


                         1916 年于塞瓦斯托波尔

## "你总是那么神秘……"

你总是那么神秘，那么卓然不群，

我一天比一天更依从了你。

啊，严酷的情人，可是你那爱情，却像烈火，像镣铐，

　将我幽闭。

你不许我欢笑，也不许我吟诗，

而祷告早被你列为禁条。

只要能和你结为连理之枝，

我什么都可以不计较!

你逼得我既脱离了人间又背离了上天，

我活着，却不能吟诗，

仿佛你已把地狱和天堂搜遍，

夺走了我自由的灵魂和意志。

1917 年 12 月

## "冰块喧闹着，奔腾而过……"


冰块喧闹着，奔腾而过，

天空好似病入膏肓一般苍白。

你为什么要惩治我，

我不知道自己有什么过错。


如果有必要，你就把我处死，

但千万别对我这样冷酷，

你不愿同我生养孩子，

又厌恶我写的诗。


好吧，你愿意怎样，随你心意！

我可信守当初的誓约，

把生命全部奉献给你，

只把忧愁随身带进坟里。


1918 年 4 月

### "尘世的荣誉好似一缕轻烟……"

尘世的荣誉好丝一缕轻烟，

我无意把它探寻。

我只求将幸福和温暖

带给所有我爱的人。

我的所爱有一个还活在世上，

热恋着他的女友，

另一个成了青铜的塑像，

耸立在广场上，与白雪为偶。

1914 年

## "这是明显的事实……"

这是明显的事实，

任何人都一望而知，

你根本就不爱我，

从来就不曾爱过。

既然你对我毫无情意，

我为什么还要这样倾心于你，

为什么还要在每天夜里，

为你祈祷上帝？

为什么要丢下友人，

扔下头发鬈曲的婴孩，

离开我所爱的城市

和我亲爱的祖国，

沦落为一个肮脏的女乞，

去异国的首都行乞？

可是一想到也许还能见到你

啊！就止不住心底的欢喜！

1917 年

## "有个声音在召唤着我……"

有个声音在召唤着我，

劝诱我说："快上这儿来，

离开你那萧条、罪恶的祖国，

离开俄罗斯吧，永远离开。

我会涤尽你手上的血污，

抹去你心头的耻辱，

还要用新的名字来驱除

失败和屈辱的痛楚。"


但是我不为所动，

用双手将两耳掩住，

免得那居心卑劣的怂恿

使我悲痛的心灵玷上污浊。


1917 年

# V

## 《ANNO DOMINI》选译 [2]

在那神话般的年代里……

——丘特切夫 [1]

---

1  费·伊·丘特切夫（1803—1873），俄国诗人。
2  拉丁文，有二义，一为公元，一为老年。

## "我不愿同那些把家园……"

我不愿同那些把家园
送予敌人蹂躏的人为伍。
我不要听他们鄙俗谄媚的甘言，
也不为他们谱写诗赋。

但是我永远可怜那些沦落天涯的人，
不论他们是囚徒还是病夫。
游子呀！你的道路昏暗凄凛，
异国的面包有苦艾的味道，怎能下腹。

这里，在烈火遮天蔽日的浓烟中，
我们正致力于毁灭青年时代的残余，
我们挥拳打着自身，纵然疼痛，
也绝不缩回手去，绝不感到畏惧。

我们知道，岁月将做出评价，
肯定我们现在的每一个小时……
世上没有人比我们更豁达，

也没有人比我们更伟岸，朴质。

1922 年

## "这里是北海的一隅……"


这里是北海的一隅，

是我们苦难和荣誉的边陲，——

我不懂得你是出于痛苦还是幸福，

才匍匐在我脚边哀哀地垂泪。

我再也不要低首下心的人做伴，——

无论是俘虏、人质还是奴隶，

只有我所爱的铁铮铮的男子汉，

我才愿同他分享我的面包和住地。


1922 年


79

## "铁板为门……"


铁板为门，
松木作床。
我感到快慰，欢欣，
从此再不用妒忌，懊丧。


人们祈祷，人们悲泣，
为我铺设这张床上的茵褥卧具，
现在你尽可寻欢作乐，无所顾忌，
但愿上帝保佑你终日欢娱！


如今再也不会有激愤的盘问
来冒渎你的清听，
如今再也不会有人
把蜡炬空燃到天明。


我们俩从此相安无事，
终于得过没有欺骗的清静岁月……
但我独独不配而且也鄙视

你的泪水和伤嗟……

1921 年

## "在受尽折磨后……"


在受尽折磨后，我们总算离异，
总算把这捧并无爱情的火熄灭。
你应该吸取教训了，我永世的仇敌，
应该学会爱，爱得真诚体贴。

我摆脱了桎梏，自有办法排解愁怀：
夜里缪斯会飘然下凡给我慰藉，
而第二天清晨荣誉就蹒跚而来，
而我耳边奏起铃铛美妙的音乐。

你用不着为我祈祷，
离别时也无须频频回首，
忧郁的秋风会使我破涕为笑，
金黄的落叶会抚平我心头的哀愁。

我把仳离视作你赠予我的礼品，
把忘却看作上帝给我的赐予！
不过我要问你，敢不敢让别的女人

也落入这种无限痛苦的境遇？

1921 年

## "你以为我也是那类可以始乱终弃的女人……"


你以为我也是那类

可以始乱终弃的女子,

以为我会痛哭流涕地冲出门扉,

扑倒在枣红马的蹄前哀求不止。


或者我会去找女巫

求取浸在符水中的草根,

并且寄给你一件可怕的礼物:

我珍藏着的一条芬芳的手巾。


但愿你遭到诅咒。我决不用悲思、

呻吟和流盼来打动你那颗万恶的心灵。

我要凭着天使的花园和清池,

凭着灵验的圣像和神明,

凭着我们在一起度过的炽烈的夜晚起誓:

我永远也不会回到你身边重圆破镜!


1921 年

## "要我听命于你？……"


要我听命于你？你这是在痴人说梦！
我只听命于上帝，他的话才是金科玉律。
我不愿终日提心吊胆，更不愿忍气吞声，
对我来说，丈夫是刽子手，夫家是牢狱。

可是我竟自荐于你，抛却了原有的矫情，
因为十二月已经诞生，寒风在旷野上呼啸，
纵然处在你的禁锢下，却是那么光明，
何况窗外有黑暗坚守着我，不容我返回遁逃。

这就像冬日，当彤云笼罩了大地，
小鸟就把身体撞击透明的窗扉，
听任鲜血染红它白色的羽翼。

此刻宁静与幸福充溢了我的心房，
别了，我的温和的人我永远不会忘情于你，
因为你曾收留过一个萍踪飘浮的女郎。

1921 年

## "我忠顺地侍奉着你……"

我忠顺地侍奉着你,

你别害怕我这苦苦的恋情!

为了让我俩欢洽地相依为命,

如今我向所有圣徒祈求恩庇。

为了你,我弃绝了家庭,抛却了遗产,

但并不要求你也和我一样。

我成了孤苦的女子,披着破烂的衣衫,

可我却把它当作新娘穿的锦缎。

1921 年

# VI

## 《芦苇集》选译

我同时用五个手指弹奏。

——Б.Л.[1]

---

1　即苏联诗人鲍里斯·帕斯捷尔纳克（1890—1960）。

## 诗集的题词

——献给 M. 洛津斯基[1]


为了报答你的厚遗，

请在这天崩地裂的时辰，

接受我几乎是从飞袭而来的阴影内

奉献给你的这件春天的礼品，

以便让心灵崇高的自由

不管时序的交替，岁月的奔流，

坚贞不二，永不哀朽，

始终做我的密友，

仍然像三十年前那样

用温顺的微笑把我慰藉……

无论是夏宫花园的围墙，

无论是列宁格勒的积雪，

都会重新出现，就像在这本诗集里

复活了的芦苇透过魔镜的昏光，

在沉思着的忘川[2]河畔

---

1　米哈伊尔·列昂尼多维奇·洛津斯基（1886—1955），俄国诗人，翻译家。

2　忘川又译厉司河，是希腊神话中的阴界河流，亡魂饮河水后，生前一切即遗忘净尽。

89

簌簌地放声欢唱。

1940 年 5 月

## 缪斯

夜深人静，我等待她来到我家里，

我的生命好似系在一根发丝上。

同这位手持短笛的亲爱的客人相比，

什么荣誉、青春、自由都似云烟般虚妄。

她终于飘然来临，把面纱掀去，

向我投来关切的眼波，

我问她："但丁的《地狱》[1]，

可是你口授给他的？"她回答说："是我。"

1924 年

---

1　《地狱》是意大利诗人但丁（1265—1321）所著长诗《神曲》中的一个篇什。

## 致画家

你那些出神入化的作品
无时无刻不萦绕在我的脑际，
秋日的菩提树永远披着金色的罗裙，
今天画下的河水穿着湛蓝的羽衣。

我只消阖上眼睛，啊！真是离奇，
那梦就把我带进你的花园。
我恍恍惚惚地寻觅你的踪迹，
唯恐你消失在千转百回的花径之间。

我要不要步入你焕然一新的穹窿，
经你的手，它已变成一片碧空，
以便使我那讨厌的燥热冷却？

在那里我将要把自由永享，
只消把灼热的眼帘阖上，
我又将恢复流泪的本能。

1924 年

## 两行诗

别人对我的赞美，我把它们弃如炉灰，

而你即使对我诋毁，我也看作是赞美。

1931 年

# 离异

1

总算分手了，不是几个月，不是几周，
而是好多好多年头。我俩终于一刀两断，
获得了使人冷彻骨髓的彻底的自由
和两鬓上一顶灰白的冠冕。

从此再也不存在背叛和外遇，
你也再用不着通宵不眠，
听我滔滔不绝地历数证据，
证明我受尽了你的欺骗。

2

虽然离异，旧情往往并不随之而逝，
初恋时的幽灵会来叩开我俩的心扉，
虽然离异，那银白色的茂密的柳丝，
仍然会闯入我俩的心内。

我们，两个愤怒、痛苦、傲岸的人，
却没有胆量把眼睛从地上抬起，
有只鸟儿用欢快的声音
吟唱起我俩当初怎样相互体贴和爱惜。

1940—1944 年

3

最后一杯酒
为了破碎了的家庭，
为我飘零的一生，
为我俩的同床异梦，
同时也为你，——
为背叛了我的双唇和虚情假意，
为眼睛的死一般的冷漠，
为人世的侥薄和乖戾，
为上帝没有拯救你而饮尽这杯酒。

1934 年

## 马雅可夫斯基在 1913 年

我不了解成名后的你，

我只记得你激昂的黎明时代，

然而今天我也许有权利，

将那遥远的年代缅怀。

当你的诗歌开始发出强烈的声响，

崭新的感召便接连不断地出现……

你年轻的双手从不虚度时光，

造起了一座座森严的树林。

你的一切看法，

好像和前人的截然相反，

凡是你不允许存在的都不再存在，

你每一句诗都响彻着对旧事物的宣判。

你单枪匹马，常常感到愤慨，

迫不及待地催促着命运快快运行，

你知道不用多久就可笑逐颜开，

放手去进行伟大的斗争。

那年，当你向我们宣读你的诗文，

就可听出你的激情必能唤起呼应，

雨水也气势汹汹地斜睨着它的眼睛，

你同整个城市展开了激烈的争论。

于是一个从未听到过的名字，

似闪电一般飞进闷热的大厅，

好让这全国珍惜的名字，

在今天发出战斗的号角声。


1940 年

## "这里多么幽静……"

这里多么幽静,

只有坼裂声伴随着簌簌的清响,

每天早晨都比前一天更加寒冷,

玫瑰结成了冰,发出耀眼的光亮,

在白焰中弯下她们的花茎。

莽莽的雪原气势多么磅礴,

雪原上滑雪板留下的那道长长的痕迹,

仿佛要我忆起在很久很久以前的年代,

我曾同你结伴来过这里。

1922 年

# VII

## 《第七集》选译

浓雾垂下了第七重帷幕，——

在幕后边春天已经光顾。

——T.K.

## 《战争的狂飙》组诗

### 宣誓

愿那位今天掩埋亲人的妇女，——
将自己的悲痛化为力量。
我们对着孩子、对着坟墓宣誓，
任何人也休想叫我们弯下脊梁！

1947 年 7 月于列宁格勒

## "他们曾神气地同姑娘们告别……"

他们曾神气地同姑娘们告别，

他们曾在行进中吻别母亲，

他们从头到脚一身崭新，

好像是去游戏，而不是去出征。

无论是差的，好的，还是中不溜儿的……

都坚守在自己的阵地上，

既分不出冲在前面的，也分不出落在后头的……

如今他们全都长眠在沙场。

## 献给胜利者们

身后是列宁格勒的大门，

前面只有死神……

苏维埃的步兵仍然

朝着敌人黄色的炮口挺进。

史册将记载他们的业绩：

"为他人献出了自身。"

这都是些平凡的年轻人——

有的叫瓦尼卡，有的叫瓦西卡，

有的叫阿廖什卡，有的叫格里什卡。

都是我们的兄弟、我们的子孙！

1944 年

## 射入列宁格勒的第一枚远程炮弹

人们正忙着各式各样的日常事情，

突然一声轰响改变了一切的进程。

这轰响不是城市的声音，

也不是来自农村的响声。

的确，它很像远方隆隆的雷鸣，

而雷鸣总伴有朵朵雨云，

给人间带来湿润、清新。

雷鸣会激起草地热切的渴望，

渴望这是甘露将至的佳音。

可是这轰响却是干裂的，似火一般灼人，

惊慌的听觉不愿相信，

这轰响正在扩散，正在增强，

正在灭绝人性地

把我的婴儿夺走，去献给死神。

1941 年

## "头顶上盘旋着死亡的秃鹫……"

头顶上盘旋着死亡的秃鹫，

谁来把列宁格勒搭救？


你们不要喧闹——它仍在呼吸，

它还活着，还有敏锐的听力：


它听到波罗的海潮湿的海底

它的孩子们在睡梦中呻吟抽泣，


它听到从它深处传出的哀号："面包！"

这声声的呼喊一直冲到九霄……


然而苍天毫无怜悯之心。

死神从家家的窗户中窥视着人们。


1941 年 9 月

## 哭诉

列宁格勒的灾难

我无法用手驱散，

无法用泪水洗尽，

也无法埋入泥土。

我走遍了各地，

触目都是列宁格勒的灾难。

我不用眼神，不用暗示，

不用言辞，不用痛斥，

　　而是长跪在

　　　　绿色的田野上

　　　　　　提醒人们牢记。


1944 年于列宁格勒

## 勇敢

我们知道现在是一发千钧，

也知道今天将发生什么事情。

我们的时钟已敲响勇敢的时辰。

勇敢绝不会离开我们。

我们不怕死于弹雨枪林，

也不会因失去家园而伤心。——

我们保卫你，俄罗斯语言，

伟大俄罗斯的声音，

我们将维护你的自由和纯净，

把你传给子孙，使你永远不受

　　蹂躏！

1942 年 2 月

## "花园里挖了避弹壕……"

### 1

花园里挖了避弹壕，

没有一丝儿灯光照耀。

彼得堡的孤儿哟，

我可怜的孩子！

地底下难以呼吸，

太阳穴痛得要命，

透过炸弹隆隆的轰鸣，

听到孩子们尖细的呻吟。

2

你用小拳头敲门吧，我会把门开启。

对于你，我从没有把门关闭。

我现在虽同你隔着崇山峻岭，

隔着荒漠、酷暑和寒风，

但是我决不会把你背弃……

我从未听到过你悲泣。

你也不曾要我周济。

愿你像去年春天一样，

给我捎来一根槭树的枝条，

或者几株小小的青草。

再给我捧来一杯

我们涅瓦河冰凉的清水，

我将为你从金黄色的头上，

洗去那斑斑的血迹。

1942 年

# 胜利

1

在隆隆的炮声中，冒着满天风雪，
光荣地开始了光荣的事业，
从那被敌寇蹂躏的土地上
从那圣洁的身躯受难的地方，
亲爱的白桦已向我们伸出枝丫，
呼唤着，等待着我们凯旋归家，
连寒冬老人也排成密集的队形，
同我们一起向着胜利进发。

2

防坡堤上亮起了第一座灯塔，

余下的也会跟着它放出光华。

水兵噙着热泪，摘下帽子向灯塔致敬，

因为他曾从死亡身旁经过，又迎着死亡出发，

多次在这布满死亡的海上拼杀。

3

胜利已经来到了我们的家门口……

我们该怎样迎接这位嘉宾好友？

让妇女们把孩子高高地举起吧——

因为他们从千百次死亡中获救，

我们将这样来回答朝夕盼望的嘉宾的问候。


1942 年—1945 年

## 悼念亡友

胜利日那天，和风煦煦，薄雾飘荡，
艳红的朝霞像火一样。
迟来的春天像战士的遗孀，
忙碌在无名烈士的墓旁。
她跪在地上，久久地怀想，
时而亲吻着嫩芽，抚摸着小草，
时而将蝴蝶从肩上捧到地上，
让第一朵蒲公英绽开绒花。

1945 年

# 从飞机上

## 1

白茫茫的盐碱地一望无际，
绵亘不断的羽茅喧闹不息。
一丛丛茂密的雪松
报下黑魆魆的荫翳。
我仿佛是第一次
看见她——祖国的大地。
我知道这一切都是我的——
是我的灵魂，是我的肉体。

2

我用洁白的宝石庆祝这个日期，

尽情地歌唱着胜利，

为了迎接胜利，我展开双翼，

追赶着太阳，向前飞去。

3

春日机场上的青草，

在我脚下簌簌欢响。

到家了，到家了，果真到家了！

一切是那样新奇而又那样熟悉，

一阵难言的慵倦袭来心底，

我头晕了，晕得那么甜蜜……

莫斯科，胜利的女神，

在五月的春雷中傲然屹立！

1944 年 5 月

## "过去了五个年头……"


过去了五个年头，残酷的战争
造成的创伤已经愈合，
我的国家

　　　　　　　和俄罗斯的林中旷地
重又充满了料峭的寂静。


灯塔的光芒穿破滨海黑沉沉的宵暝，
给水手指引着航程。
从远远的海上放眼瞭望
灯塔的火光，好似友好的眼睛。


昔日坦克轰鸣的地方，如今奔驶着

　　　　　　　　　　和平的拖拉机，
过去烈焰燃烧的地方，如今繁花似锦，芳草萋萋，
一度弹痕遍地的公路上
如今轻快的汽车川流不息。


当初云杉举起伤痕累累的手，呼唤人们

奋起复仇的地方，如今重又绿树成荫，

当初人们揪心裂肺、生离死别的地方，如今妈妈在摇着摇篮，

　　唱着催眠的歌曲，


你重又变得强大而自由，

我的国家！

　　　　　但是那些被战争燃成灰烬的年头，

将世世代代印在人民

记忆的宝库里。

为了一代代年轻人的和平生活，

从里海到北极冰天雪地的溟漠，

耸立起了许多巨大的城市，

就像是方尖碑，纪念那些毁于战火的村落。


1950 年 5 月

## 海滨胜利公园

不久前这儿还是荒凉的沙嘴，

忧郁地横卧在涅瓦河口的三角洲内，

仍然跟彼得一世时那样到处覆满了青苔，

冰凉的海水泛着泡沫在上边冲刷迂回。


那里两三株垂柳寂寞地遥望着大海，

一条破旧的渔船已被岸边的沙土淹埋，

正怀着满腹的悲愁，日复一日地腐烂朽败，

只有猛烈的海风——那唯一的宾客，

光顾这渺无人烟，死气沉沉的沼泽。


但是有一天，从一清早开始

列宁格勒人成群结队来到海滨，

在那片卑湿荒凉的沙嘴上植树，

每个人都栽下一小棵

以纪念伟大的胜利日。


于是今天这儿成了一座明媚的花园，

在万里无云的碧空下面

显得那么自由自在，光亮明快，

枝头鲜花争妍斗艳，

丸花蜂营营采蜜，蝴蝶舞姿翩跹，

橡树在忙着灌浆，

嫩绿的落叶松和菩提树

把身旁平静的溪水

当作镜子，欣赏着自己的丰姿……

昔日的此地，只有一叶白帆

孤独地漂泊在海上银灰色的浓雾间，

如今却有几十艘轻盈的快艇，

竞相争发，迅似飞箭……

        从远处

体育场那边传来

欢快兴奋的呼喊……

        啊，这就是胜利公园。

        1950 年

## "它终于来到了……"


它终于来到了，这果实累累的秋季！

可惜把它送来得晚了些。

在整整十五个明媚的春季里

我都不敢从地上站起。

我就近把它仔细端详，

我拥抱它，扑向它怀里，

而它却偷偷地把那神秘的力量，

注入我命定要死亡的躯体。


　　　　　　　1962 年于科马罗伏

## 音乐

她身上燃烧着神奇的火焰，

在她面前什么样的界线都被烧成灰烬，

当别人都不敢和我接近，

她却和我促膝相谈。

当最后一个朋友也都规避我的时候，

她却到墓室里来同我分担厄运，

她像春雷那样为我歌唱，

像百花那样与我倾诉衷肠。

1958 年

# 故土

世上没有人比我们更豁达，

没有人比我们更傲岸、朴质。

1922 年

我们并不把它珍藏在胸前的护身香囊中，

并不声泪俱下为它赋诗吟诵，

它从不搅乱我们悲苦的梦，

也不像是供我们遨游的天国琼宫。

在我们的内心深处，

从不把它当作买卖之物，

也不认为它有祛病消灾的神通，

即使贫病交困也想不到向它乞灵诉讼。

是啊，它是沾在我们套鞋上的泥土，

是黏在牙齿上咔嚓作响的沙粒。

我们将它践踏、捻碎、蹂躏，

使它成为尘埃，一无所用。

然而我们都将躺进它的怀抱，化作泥土，

所以才把它叫作故土，叫得那么随便轻松。

1961 年于列宁格勒

## "虽说不是故乡……"

虽说不是故乡
却使我终生难忘，
淡淡的海水
温柔而又冰凉。

海底的沙砾白得胜过铅粉，
空气比葡萄酒还要醉人，
松树裸露出绯红的身躯，
当落日西沉的时分。

夕阳在太空的波浪中显得那么迷离，
使我不由得生疑：
这是白昼的终了还是世界的尽头，
或者是秘密的秘密又潜入我心底。

1964 年

## 导师

——悼念英诺肯季·安宁斯基

我视作导师的那个人，

像影子般消失了，没有留下一丝痕迹，

他饮尽了迷魂汤，毒药渗透了全身，

他等待着荣誉，却未曾得到荣誉，

他是一种先声，一种预兆，

他怜悯所有的人，把人人的痛楚集于己身，

他终于凋殒……

1945 年

## 回声

通向往事的道路早已湮没，其实如今
我还有什么必要去探寻往事的残痕？
那边是什么？是沾有血迹的石板，
是进入墓穴的栏门，
或者是至今不肯沉寂的回声，
纵然我一再央求，它就是不听……
这回声跟我心中的思潮一样，
怎么也不肯安静。

1960 年

Ⅷ

集外诗抄选译

## "我在远离列宁格勒的地方⋯⋯"

它是坚固的，我在亚洲的房子

用不着为它担忧⋯⋯

我还要来的，怒长吧，屋畔的杨树，

水库啊，愿库中的清水常满。


我在远离列宁格勒的地方迎来

　　第三个春天。

第三个？我觉得这将是我在此间的

最后一个春天。

我至死也会时时刻刻地深深怀念

怎样愉快地在树荫下倾听

溪水的回旋，

怀念盛开的桃花和一天香似一天的

烟霞一般的紫罗兰。

谁敢对我说，这儿是异乡

并非我的故园！


1942 年—1944 年于塔什干

**1944 年 1 月 27 日**


在正月的夜里，空中没有星星，
列宁格勒终于爬出了死亡的深坑，
它惊异自己会有这史无前例的命运，
鸣响了隆隆的礼炮，欢庆自己的再生。

                                                    1945 年

## 解放

清爽的微风吹拂着云杉，

洁净的白雪覆盖着田野，

再也听不到敌寇的脚步声了，

它在休养生息了——我祖国的土地！

1945 年

## 和平之歌

顺着太空的银浪，

越过高山和海洋，

啊，我的嘹亮的歌声，

像和平鸽一样飞翔吧，飞翔！

去告诉那些倾听你的人们，

望眼欲穿的世纪已经临近，

告诉他们在你的祖国，

人们今天在为什么事情关切操心。

你不是孤独的，将会有许多应和你的歌声，

还有成群的鸽子伴随你飞行，

远方善良的朋友都倚立在门旁，

正关切地盼望着你们的情影。

你飞吧，飞向殷红的落霞，

飞向工厂滚滚的浓烟，

飞向黑人的住家，

飞向恒河蓝蓝的浪花。

1950 年

136

## 译后记

　　1966 年 6 月，从事诗歌创作近六十年的阿赫玛托娃因心肌梗塞与世长辞。全苏作家协会理事会在讣告中称她为"卓越的苏联诗人""诗歌语言的光辉大师"，说她的诗歌，"把人们带进了一个美好的世界"，是"俄罗斯诗歌的杰出成就"。

　　众所周知，阿赫玛托娃出身于没落的贵族家庭，在 20 世纪初登上俄国诗坛时，是一位把"为艺术而艺术"的唯美主义创作原则奉为信条的诗人，但是当她因生命的终了而离开诗坛时，却赢得了"卓越的苏联诗人"这样的称誉，这说明诗人在她漫长而又曲折的创作道路上，虽曾陷身于谬误，徘徊于歧途，但是在苏维埃制度的潜移默化下，在爱国主义思想的感召下，终究还是走出了象牙之塔，投入了人民的怀抱。

　　不过这并不等于说阿赫玛托娃在后期的创作实践中未曾

出现过失误，而在前期的诗歌创作中就一无可取之处了。诗人前期固然远离现实斗争，着意于刻画女性的内心活动，然而也曾通过诗歌表达了对祖国的深厚的爱；她后期纵然写出过充满爱国主义激情的诗篇，但是孤寂和迷惘的情绪，好似幽灵一般，间或仍踯躅在她的某些诗歌中。毋庸讳言，阿赫玛托娃是一位复杂的诗人，矛盾的诗人。她所享有的世界性声誉并不能勾销她不少诗作在思想性上的平庸或谬误，同样也不能因为她创作中出现过谬误而抹杀她的优秀诗篇和她的艺术成就。

阿赫玛托娃曲折复杂的创作道路是和她的生活经历分不开的。

安娜·安德烈耶夫娜·阿赫玛托娃原姓戈连科。因为她父亲憎恨并鄙视文学，不许她用戈连科这个姓发表任何文学作品，她便用她曾祖母（鞑靼人的后裔）的姓"阿赫玛托娃"作为笔名。

阿赫玛托娃的母亲出身贵族，喜爱诗歌，共生有子女五人。其中有两个女儿死于肺结核病，阿赫玛托娃年轻时也曾两度患过这种疾病。所以她早期有不少诗歌喟叹少女的早夭，抒发患了不治之症后的焦灼、忧虑的心情。

阿赫玛托娃的婚姻是不幸的。她于1910年同阿克梅派的领导人尼古拉·古米廖夫结婚，两年后生下儿子列夫，然而古米廖夫对爱情很不专一，使阿赫玛托娃在感情上受到极大刺激，遂与他分居，并于1918年和他正式离婚。所以诗人不仅在早期而且在后期都有诗篇谴责不忠的丈夫，控诉男性对女性的侮弄，把结束这种婚姻视作为精神的解脱。她曾在一首诗中愤慨地说："对我来说，丈夫是刽子手，夫家是牢狱"，可见她对背弃了她爱情的古米廖夫憎恨之深。

1921年，古米廖夫因反革命罪而被苏维埃政权镇压，尽管阿赫玛托娃早在三年前即与他离异，但是人们仍因她有过这样一个前夫而一度对她有所歧视，这就加深了这场不幸的婚姻所带给她的痛苦。当时她在一些诗篇中所流露出来的怨恨、绝望、伤感的情绪，也许就是这种痛苦、迷惘的心境和写照。这无疑是诗人基于贵族阶级的立场，一时还不能正确地理解和对待革命洪流的缘故。

阿赫玛托娃开始发表诗作是在1907年，最初都刊载在巴黎出版的俄文杂志《天狼星》上。1911年，彼得堡阿克梅派杂志《阿波罗》刊登了她的一组诗，从此她成为阿克梅派的代表人物之一。阿克梅派脱胎于俄国象征派。"阿克梅"这个希腊词是"极端""绝顶"的意思，用作流派的名字，即表示他们的创作是艺术真理的最高表现。阿克梅派试图革新象征主义诗学，主张"为艺术而艺术"的创作原则，拒绝对现存社会做出褒贬，力主通过对人的意志与本能的启迪，使人逐渐"完善"。这样一个流派显然是与当时俄国人民的革命斗争背道而驰的。

在这个时期，阿赫玛托娃的诗歌，例如《黄昏集》和《念珠集》，大都回避现实生活，只是刻画自己的内心活动、感情冲突，特别是对纯正的爱情的无望的渴求，只是刻意描摹爱情所带来的痛苦、悲哀乃至死亡。所以这些诗作的基调是低沉的，悲观的，甚至是颓废的，总是徘徊于个人感情的狭小圈子里。因此，人们把她的诗称作为"室内诗"。

阿赫玛托娃的室内诗尽管从思想性的角度来看，缺乏反映生活的广度和深度。然而就其形式而言，无须讳言，是具有相当的艺术成就的。这些诗篇往往写得简洁凝练，绮丽典雅，具有鲜明匀称的节奏感，朗朗上口，回味无穷。尤其是风景抒情诗，例如《短歌》《渔夫》等，更是继承了俄罗斯诗歌和民谣的传统，具有浓郁的诗情画意，虽然这些画面是用凄婉、悲凉的色彩勾勒出来的。

十月革命后，阿赫玛托娃虽一度对革命不理解，甚至感到恐惧、惆怅。但她不同于巴尔蒙特[1]这样一些背弃祖国、远走异邦、诽谤和诅咒新生的苏维埃政权的白俄诗人。阿赫玛托娃她是爱祖国的。对她来说，祖国和俄罗斯比什么都神圣。白俄诗人们不断从国外写信给她，怂恿她投奔所谓"自由世界"，说"没有她，俄罗斯侨民的诗苑便是贫乏的，荒漠的"，

---

1　巴尔蒙特（1867—1942），俄罗斯象征主义代表诗人、翻译家、评论家，代表作有《在北方的天空下》《在无穷之中》等。

甚至具体地告诉她，只要在什么地方越过国境，他们便可来接应她。但是阿赫玛托娃断然地、公开地回绝了这类"居心卑劣的怂恿"。她曾在1917年写的一首无题诗中说：

> 为什么要丢下友人，
> 扔下头发鬈曲的婴孩，
> 离开我所爱的城市
> 和我亲爱的祖国，
> 沦落为一个肮脏的女乞，
> 去异国的首都行乞？

　　如果说这时的阿赫玛托娃还不过是依恋俄罗斯而已，对苏维埃政权尚无认识、尚无感情的话，那么随着革命的深入，诗人终于逐渐摆脱了狭隘的自我，转向了人民。她在1922年写下了一首无题诗，明确宣称："我不愿同那些把家园／送予敌人蹂躏的人为伍。／我不要听他们鄙俗谄媚的甘言，／也不为他们谱写诗赋。"诗人规劝那些对人民有罪的人，幡然悔悟，回返祖国，以赎前愆。也是在这首诗中，诗人表达了要顺应革命潮流，舍弃旧我的决心，并且表示不管这种舍弃是何等痛苦，也一定要进行自我改造，她用诗的语言说道："这里，在烈火遮天蔽日的浓烟中，／我们正致力于毁灭青年时代的残余，／我们挥拳打着自身，纵然疼痛，／也绝不缩回手去，绝不感到畏惧。"诗人深信苏维埃政权为改造社会和改造人所做的一切都是正确的，经得起历史的考验，所以她满怀信心地说："我们知道，岁月将做出评价，/肯定我们现在的每一个小时……"

尽管这首诗还不能算是昂扬奋发之作，尽管在写这首诗的同时，诗人在某些诗篇中仍然流露出迷乱、彷徨的心情，但是这首诗无疑标志着诗人已从一般的爱祖国转变到具体地爱苏维埃祖国了，标志着诗人已从不理解社会革命，惧怕社会革命转变到拥护社会革命了，标志着诗人的诗风也改变了，已不再一味沉湎于抒发个人内心的隐秘活动，而愿意使她的诗作与广阔的社会生活相呼应。

所以当邪恶的法西斯势力开始向世界人民发动进攻的时候，阿赫玛托娃便旗帜鲜明地站在人民的一边。

1936年9月29日，她在《文学的列宁格勒》报上发表一首诗的译文时，在译后记中说："请将此篇译文的稿费转交为自己祖国的自由和独立而英勇斗争的西班牙人民的妻子和儿女。"

1940年，诗人已预感到德国法西斯将对苏联发动罪恶的进攻，便发表了《马雅可夫斯基在1913年》一诗，提出要把马雅可夫这个"全国珍惜的名字"，作为"战斗的号角声"，去迎击敌人。

1941年，希特勒德国终于对苏联发动背信弃义的进攻，以重兵围困了列宁格勒。阿赫玛托娃立即投身于列宁格勒保卫者的行列。她率先在全市妇女战士书上签字，参加民防小组，缝制预敌用的沙袋，而且经常去电台发表演说，并且写下了不少号召人民保卫祖国的爱国主义诗篇，诸如：《宣誓》《勇敢》《胜利》《从飞机上》等，这些诗篇得到了红军战士的喜爱，他们把她的诗刻在城堡上，写在坦克上，向着法西斯冲锋。在整个卫国战争期间，阿赫玛托娃无论身在前方还是后方，她的心是同全体苏联人民的心一起跳的。

卫国战争结束了，可诗人却没有料到一场严厉的批判在等待着她。

尽人皆知，在第二次世界大战后的五六年内，"无冲突论"在苏联文艺界盛行一时，作家和艺术家只可以粉饰现实，只可以写四平八稳的图解化、公式化的东西，只可以写从胜利走向新的胜利，不然就会被看成对苏联现实的歪曲和诽谤，而遭到厄运。

战后，阿赫玛托娃的诗作主要写日常生活中的小事及由此而引起的联想。这自然是与文艺界占优势地位的"无冲突论"气氛格格不入的。1946年8月，日丹诺夫以阿赫玛托娃早期的一些诗篇以及战时她在塔什干写的一首诗歌作为批判的论据，全面否定了阿赫玛托娃的创作，说她的作品"除了害处，什么也没有"，"她的诗歌是奔跑在闺房和礼拜堂之间的发狂的贵夫人的诗歌"。她"并不完全是尼姑，并不完全是荡妇，说得确切些，而是混合着淫秽和虔敬的荡妇和尼姑。"

在阿赫玛托娃已经用数十年的实际行动证明了她是忠于苏维埃祖国之后，在阿赫玛托娃于卫国战争期间写下了一系列反法西斯的优秀诗篇，对这场伟大的战争做出了自己的贡献之后，却由于日丹诺夫对她的批判，竟被开除出苏联作家协会。

但是阿赫玛托娃并没有因此而消沉灰心，并没有动摇对苏维埃政权的信心，她仍然默默地致力于诗歌的创作和翻译（顺便提一句，诗人曾翻译过屈原的《离骚》和李商隐的无题诗）。1950年前后，她发表了一些歌颂战后经济恢复以及呼吁世界和平的诗篇，如《和平之歌》《在少先队夏令营里》《过去了五个年头……》。这三首诗同高尔基、马雅可夫斯基的诗歌一起，被收进了当时编辑成书的《苏维埃俄罗斯诗歌选》中。这可以说是恢复了她的名誉。

到了50年代后期，阿赫玛托娃终于彻底恢复名誉。她的诗集和文集陆续出版。苏联评论家和主要作家或写评论，或为她的诗集作序，称"她的诗作是把19世纪古典诗歌和20世纪——我们时代——的诗歌连接在一起的桥梁"。长诗《华西里·焦尔金》的作者、诗人特瓦尔多夫斯基赞誉"阿赫玛托娃是20世纪俄罗斯诗坛上屈指可数的诗人之一"。他认为阿赫玛托娃的诗歌"绝对不是属于'贵夫人'式的诗歌"，"在阿赫玛托娃笔下，爱情并不是一种供消遣的嗜好……它富有时刻的内涵，是衡量人的尺度"。苏联的一些文献性的著作，如《大百科全书》新版本、《俄罗斯苏维埃文学史》等，也都认为阿赫玛托娃在苏联文学史上占有显著的地位，把她的诗作视为苏联宝贵的文学遗产。

与此同时，阿赫玛托娃在东欧和西欧也受到称誉。她的作品被译成了许多国家的文字出版。1964 年，意大利授予她"埃特纳·陶尔米纳"国际诗歌奖。1965 年，英国牛津大学授予她名誉博士学位。

由此可见，阿赫玛托娃作为一位苏联女诗人的声誉已远远越出了苏联的国界。我想，有选择地介绍这样一位诗人各个时期的作品，包括她早期的一些室内诗，对于我们研究诗人本身，研究苏联诗歌和苏联文学的过去和现在，或许不是没有用处的。

阿赫玛托娃一生出版的重要诗集共七部，另外有些诗散见于报刊，诗人生前未将它们结集出版。拙译中凡属七部诗集的作品均译自莫斯科文艺出版社 1974 年版的《安娜·阿赫玛托娃诗选》，《集外诗抄》部分则译自苏联国家文艺书籍出版社 1958 年版的《安娜·阿赫玛托娃诗歌选》。

附录　阿赫玛托娃书信

## 致谢·弗·施泰因 [1]

亲爱的谢尔盖·弗拉基米罗维奇：

我病得很厉害，但是为了一件十分重要的事情，我坐下来给您写这封信，我想到彼得堡过圣诞节。这件事难以办成，第一，因为没有钱；第二，爸爸不让我来。这两方面您都帮不上忙，但问题不在这里。请您接到这封信后立即告诉我：库图佐夫 [2] 圣诞节期间是否在彼得堡。如果不在，那我就安心留在这里。但如果他哪儿也不去，那我就过来。由于担心无法成行，我生病了（达到某种目的的绝妙办法），我发高烧，心跳得厉害，头痛难忍。您还没见过我这可怕的模样。

没有钱。姨妈唠叨个没完。表哥杰米扬诺夫斯基每隔五分钟便向我表白一次爱情（您能发现这是狄更斯的风格吗？）我该怎么办呢？

我到彼得堡会告诉您一件奇怪的事情，不过请您提醒我，现在我非常健忘。

您知道吗，谢尔盖·弗拉基米罗维奇，我已经四天四夜

---

1 谢尔盖·弗拉基米罗维奇·施泰因（1882—1955），俄罗斯诗人、翻译家，阿赫玛托娃的姐夫。

2 弗拉基米尔·维克托罗维奇·库图佐夫（1879—？），彼得堡大学学生。

没有睡觉了。严重失眠，真可怕。表姐到庄园去了，女仆也放假了，昨天我晕倒在地毯上，整座房子里没有一个人。我独自一人没法脱衣服，墙上仿佛露出一张张狰狞的面孔！真可怕！

我有一种预感，我最终还是去不了彼得堡。可是我太想去了。

顺便告诉您，我戒烟了。表哥表姐为我庆贺了一番。

谢尔盖·弗拉基米罗维奇，您不知道我现在多么可怜，完全成了多余的人。最主要的是成了多余人，谁也不需要，永远不需要。死是一件很容易的事。不知道安德烈跟您说过没有，我在叶夫帕托里亚曾经上吊自杀过，不过钉子从墙上掉下来，没有死成。妈妈哭了，我很惭愧——总之糟糕透了。

夏天的时候费奥多罗夫[1]又吻过我，他发誓说他爱我，他身上又散发出一股酒饭的气味。

亲爱的，没有一点光明。

我不再写诗了。不好意思，是吗？又何必呢？

请您尽快告诉我库图佐夫的消息。

对我而言，他就是一切。


安奴什卡

---

1　亚历山大·米特罗凡诺维奇·费奥多罗夫（1868—1949），俄罗斯诗人。

P.S. 请把我的信销毁。当然更不用说信中的内容不能让任何人知道。

1906 年

基辅 梅林戈夫街 7 号 4 室

## 致谢·弗·施泰因

亲爱的谢尔盖·弗拉基米罗维奇:

　　这是本星期我给您写的第四封信。请您别奇怪,我执意要告诉您一件彻底改变我生活的事情,但又难以启齿,因此直到今天晚上我还下不了决心寄出这封信。我要跟青年时代的朋友尼古拉·斯捷潘诺维奇·古米廖夫结婚了。他爱我已经三年了,我相信我命中注定要成为他的妻子。我不知道自己是否爱他,不过我觉得是爱他的。您还记得勃留索夫的诗句吗:

> 我钉在痛苦的十字架上,
>
> 我的宿敌和姐妹,
>
> 把手伸给我!把手伸给我!
>
> 利剑已经高高扬起。赶快。是时候了。

　　我已经把手伸给他,至于我内心怎么样,那只有上帝和您知道了,我忠诚的朋友谢廖沙。我们不谈这些。

　　人人劫数难逃,

当一名刽子手——最高的义务。

我们之间融洽的关系以及您那些像盼望已久的明媚的阳光那样安抚我心灵创痛的信件始终令我兴奋无比。

在我特别痛苦的时候请您别抛下我不管，虽然我知道我的举动可能会使您大吃一惊。

您想知道我没有立即给您回信的原因吗？那是因为我在等待弗·维的照片，只有在收到照片之后我才会告诉您我结婚的消息。这样做很不好。为了惩罚自己的胆怯，今天我给您写信，把一切都告诉您，尽管我心里非常难受。

您在写诗！这是多么幸福啊，我真羡慕您。我喜欢您有诗。总之，我喜欢您的风格。

您写诗的那个本子在我们这儿，我回家以后就寄给您。现在我什么也不写，而且永远不会再写了。我把自己的灵魂给毁了。我这双眼睛就是为了流泪而生的，就像伊奥兰塔说的那样。您还记得席勒笔下那位未卜先知的卡桑德拉吗？我把自己灵魂的一端跟这位遭受苦难都不失伟大的先知的悲伤形象联结起来了。但我离伟大还很遥远。

我们结婚的消息别跟任何人说。结婚的时间和地点我们都还没有决定。这是秘密。我连瓦里亚都没有写信告诉。

请给我写信，谢尔盖·弗拉基米罗维奇，真不好意思剥夺您宝贵的时间，但您的来信始终给我带来快乐。

为什么您叫我安娜·安德烈耶夫娜？在皇村的最后一年这些繁文缛节不是早就取消了吗？我当然另当别论。年龄和地位的差异起很大作用。

不管怎么说，请您把弗·维[1]的照片寄给我。这世界上再也没有比这更强烈的愿望了。

您的安尼娅

P.S. 费奥特罗夫的诗确实不怎么样，只有少数例外。他的才能并不显著，很值得怀疑。他不是诗人，而我们，谢廖沙，才是诗人。感谢您的十四行诗。我看了相当满意，但不得不承认，我最喜欢的还是您的札记。亚·勃洛克有没有新作问世？我表姐非常崇拜他。

您那儿有没有尼·斯·古米廖夫的新作？我一点不知道他现在写些什么，写得好不好，可是我不想问他。

1907 年 2 月 2 日

---

1 指弗拉基米尔·维克托尔维奇·库图佐夫。

## 致谢·弗·施泰因

亲爱的谢尔盖·弗拉基米罗维奇：

虽然今年春天您中断了跟我的通信，可是我还是产生了跟您谈一谈的愿望。

我不知道您是否听说我患了一种剥夺了我可能有的幸福生活的疾病。我得的是肺病（这是秘密），也许会转为肺结核，我觉得我现在经历的与尼娜[1]完全相同，现在我完全能理解她的精神状态。我打算很快离开俄国到国外待很长时间，所以烦请您给我寄一些尼娜的东西留作纪念。玛莎阿姨想把原来在尼娜那儿的一只祖父的手镯转送给我，如果您能满足她的请求，那我将对您无比感激。但这是件贵重的东西，因此事情就复杂了，我怕您会认为我要的是首饰，而不是纪念品。您好久没见到我了，您也许会认为我在耍手腕。要是您有这样的想法，那么我请您，谢尔盖·弗拉基米罗维奇，就别寄手镯，也不要给我回信，那样的话，我也不想要手镯了。我希望不会发生这样的事，因为我们以前毕竟是朋友，如果您改变了对我的态度，那么我对您的看法丝毫未变。

---

1　尼娜，阿赫玛托娃的姐姐，施泰因的妻子，1906 年死于肺结核。

请您不要把我跟您说的手镯这件事写信告诉玛莎姨妈。她可能会产生误解。

请您不要跟任何人说我得了病。如果可能的话，即使在家里也别说。安德烈从9月5日起住在巴黎索尔波纳。我病了以后心情忧郁，人也日益消瘦。起先得的是胸膜炎、支气管炎和慢性肺炎，现在喉咙又出了毛病。我担心是喉结核。这比肺结核还更糟糕。我们生活得非常拮据。只得自己擦地板、洗衣服。

这就是我的生活！我以优异的成绩结束了中学的学业。医生说上女子训练班等于死亡。好吧，那就不上吧——我只是可怜妈妈。

要是您见到我，肯定会说："哎哟，认不出来了！"

尘世间的荣誉就是这样消失的。

再见了！我们还能见面吗？

安奴什卡

1907 年

塞瓦斯托波尔 小海街 43 号 1 室

## 致尼·斯·古米廖夫

亲爱的科里亚：

我已于 10 月抵达谢列兹涅沃。发现廖武什卡[1]健康、快活且很温柔。关于天气和家务事，妈妈肯定会写信告诉你。亚辛斯基在 7 月份的《新言论》中把我夸了一通。我尽量避免见到邻居，他们太乏味了。我写了几首诗，还没有给任何人看过，不过要感谢上帝，这并没有使我感到伤心。现在你对彼得堡的情况和文学界的动态都有所了解。你自己听到的新鲜事也该跟我说说。让·弗朗西斯[2]的作品已在这儿出版。拿到他的作品后我会立即通过邮局寄给你。请您原谅，为了减少信的重量，我把兹诺斯基[3]的信给拆了。我收到了丘尔科夫用铅笔写的一封短简。他病得很重，我觉得我们再也见不到他了。

你还回谢列兹涅沃吗？或者 8 月初去彼得堡？尽快把一切写信告诉我。给你寄上我几首新作的底稿，急切地等待你

---

1　列夫·尼古拉耶维奇·古米廖夫（1912—1992），历史学家，地理学家。古米廖夫和阿赫玛托娃的儿子，曾数次坐牢，直至 1956 年才获得自由。

2　让·弗朗西斯（1868—1938），法国诗人。

3　叶·亚·兹诺斯基（1884—1954），俄罗斯作家，《阿波罗》杂志编辑部秘书。

的消息。

吻你。

你的安娜

1914 年 7 月 13 日

谢列兹涅沃

## 致尼·斯·古米廖夫

亲爱的科里亚：

　　妈妈已把你的信转寄给我。我到谢列兹涅沃到今天整整一个星期了。

　　渐渐变得枯燥乏味起来，天气恶劣，我预感到了初秋的气息。我整日躺在家里的沙发上，偶尔翻翻书，主要在写诗。今天给你寄一首，这首诗似乎还有存在的权利。我想今年秋天我们会缺钱花。我一无所有，大概你也一样。《阿波罗》的稿酬微乎其微。而8月份我们需要几万卢布。如果《念珠》还能拿点稿酬，那就好了。这件事我一直很担心。请你别忘了我们的东西还抵押着呢。要是可能的话，你把这些东西赎回来再交给谁藏起来。

　　丘科夫斯基是否还会像讲课那样宣读那篇关于阿克梅主义的文章？要知道他能做到。我怀着不祥的预感期待着7月号的《俄罗斯思想》。很可能将对我宣判可怕的死刑。可是我认为，连最痛苦的事都经历过了，还有什么不能忍受的呢。

　　常来信，科里亚，把诗作也寄来。祝你健康，亲爱的！
　　吻你。

你的安娜

1914 年 7 月 17 日

谢列兹涅沃

致格·伊·丘尔科夫 [1]

亲爱的格奥尔吉·伊凡诺维奇：

请您不要因为我的沉默而责怪我。我非常高兴收到您的来信，当然也乐意回信。至于您那种既不想活也不想死的心情，我最能体谅了。

这里很冷清，无聊，也有点可怕。外界传来的消息根本不可置信，我见不到人，但总的来说我已经习惯了。前不久终于开始写一部长诗，但我觉得冷清妨碍我写作。周围的一切是那么暗淡，缺乏生气，尤其是跟一系列伤心事有着千缘万缕的联系。

《撒旦》我在彼得堡就已经拜读过了，我认为这是您最优秀的作品。尼·斯要我转告您，他非常喜欢《撒旦》。您现在在写什么？难道那些大山不影响您吗？您在洛桑。那里的房舍都是同一种颜色，街道很陡，俄国人很多。

您知道吗，我不相信您已经老了。您永远不会衰老。

我也许要到瑞士待六个星期，到卢塞恩。我的哥哥在那儿治病。我想到要外出旅行心里就高兴，在这儿有时候叫人

1　格奥尔吉·伊凡诺维奇·丘尔科夫（1879—1939），俄国象征派诗人。

受不了。

　　请向娜杰日达·格里高里耶芙娜转达问候。她身体好吗？
得到休息了吧？

　　请别忘记我。我写了诗一定寄给您。

安娜·阿赫玛托娃

1914 年 7 月

谢列兹涅沃

## 致尼·伊·哈尔吉耶夫

亲爱的尼古拉·伊凡诺维奇：

您把我彻底忘了。现在大家纷纷离开塔什干，我开玩笑说："他们把狗也忘了，把人也忘了！"这玩笑令人心酸。

莫斯科怎么样？勃里克夫妇怎么样？修补匠克鲁切内赫怎么样？

我在一封信里说过：这里非常偏僻，可我无法离开。

我的新居十分宽敞，空旷，与世隔绝。我还从未住过这样空旷的房子，尽管废墟和荒凉是我的专长，您是知道的。

我托波兹南斯卡娅带给您的长诗和几封信是否收到？

如果您不便写信，请来份电报。好久没有您的消息，十分惦念。

噢，对了，我想起要把我在这里出的一本书寄给您。我看这本书主要的（也是唯一的）好处是上面没有标明出版地点。因此这本书的模样有点鬼鬼祟祟。我把泽林斯基称为"我的编者"（看在上帝分上，这是你我之间随便说说，千万别外传）。娜嘉说这句俏皮话不是我的发明，而是奥西普的创造。也许是这样！我现在住在娜嘉楼上——她住在兄弟家。娜嘉变得非常善良，特别善解人意——她同情人，对我无微不至。

163

廖夫卡[1]到原始森林考察去了，他从新西伯利亚发来过一份电报，这次野外考察可能要持续好几个月。弗拉基米尔·格奥吉耶维奇现在在列宁格勒。他从早上七点半一直工作到晚上十一点，没有休息天。在扫射和轰炸期间他照样上课做解剖，总而言之，我们惯常使用的那个朴实的词来说，他是位英雄。但人们不断地问我："为什么您丈夫找不到一份固定的工作？"或者："难道不安排他休息吗？"如此等等，不一而足。

请来信谈谈您的情况。我的地址：茹科夫大街 54 号。紧握您的手。

您的阿赫玛托娃

1943 年 6 月 2 日

塔什干

---

1　指儿子列夫·古米廖夫。

## 致鲍·列·帕斯捷尔纳克

亲爱的鲍里斯·列昂尼多维奇：

我到莫斯科后尼娜告诉我您住在医院里，我一下子觉得我在莫斯科生存的那块最明亮的地方被乌云遮住了。不仅如此，街道、聚会、人们，一切都变得索然无味，被蒙上了一层雾幛。这岂不是施了魔法吗！

亲爱的朋友，1951 年夏天我也同样经历了住院这条漫长的道路，我知道这条路是多么乏味，多么艰难。但是洛津斯基说得对：住院自有其妙处。我希望，随着 1952 年的结束您在医院里的囚禁生涯也将结束，一切都会恢复原样：白雪覆盖的莫斯科河南岸，音乐，创作，朋友。

大家都在询问您的情况，都在等待着您。涅姆契诺娃对您翻译的莎士比亚赞不绝口，想来您肯定知道，您的译作将由国家文艺书籍出版社再版。而我从各个方面都听到：帕斯捷尔纳克在研读契诃夫。

请多保重，鲍里斯·列昂尼多维奇，我希望能很快见到您。从到莫斯科的第一天起，我就一直想给您写信，结果却写得这么简短。您是书信体大师，请别责怪我，要知道我还从来没有给谁写过这样的信。

这封信是用打字机打的，免得您吃力地辨认我的潦草的字体。

您的安娜·阿赫玛托娃

1952 年 12 月 29 日

## 致列·尼·古米廖夫

亲爱的廖武什卡：

今天我给你寄了两张明信片。我亲自到豌豆街去领养老金——那地方你还记得吗？天气很好——天空像夏天般明朗。祝贺你生日的包裹还没有寄出，但所有食品已经买好。

我在继续看中国古代文献，又碰到了匈奴。这是公元一世纪的事。两位汉人（苏武和李陵两位将军）被匈奴俘虏，在匈奴那儿住了19年。后来一位将军（苏武）返回故乡，另一位吟诗相送，这首诗歌*已被译成英文（无韵体）。不知我在信里跟你说起过没有，我见到了1954年北京出的英文版屈原著作，是由一名中国人翻译的。

吻你。

妈妈

* 我的散文体译文：

我行程万里
穿越茫茫沙漠

167

效忠皇上

去抗击匈奴

……


　　不知道我从古文献中摘录的这些内容和逐字逐句的译文
能否到达你手里？也许你对这些东西丝毫不感兴趣？

## 致亚历克西斯·兰尼特 [1]

尊敬的兰尼特先生：

感谢您的来信和赠送的诗作（遗憾的是你只寄来了译文）。

真不明白为什么有人要惊动我的遗骸并散布 1938 年我曾去过巴黎的无稽之谈。1912 年以后，我没有去过西方，1938 年我最远只到过莫斯科。

我完全相信，您的大作将是非常适时的，使我略感不安的是其中有关我的履历部分。至少我要预先告诉您，格奥尔吉·伊凡诺夫和斯特拉霍夫斯基写的那些东西绝对不能利用。那里没有一句真话。

请您原谅，我没有及时给您回音——我大病初愈，依然十分虚弱，现在住在城外。

安娜·阿赫玛托娃

1962 年 2 月 18 日

科马罗沃

---

1　亚历克西斯·兰尼特，美国诗人和文艺理论家（原籍爱沙尼亚）。

## 致亚历克西斯·兰尼特

尊敬的兰尼特先生：

今天给您写信是想告诉您，您5月8日的来信我已经收到。

请允许我也向您提几个问题：我的诗半个世纪以来大家都认为是白的，而您为什么认为是蓝的？为什么您没有把您作品的原文寄给我？——我可以毫无障碍地阅读英文原作。

您见到我在《文学报》上发表的《论普希金》那篇文章没有？

我很愉快得悉您对格奥尔吉·伊凡诺夫和斯特拉霍夫斯基的看法跟我一致。因此，拜读您的大作我不会再次经历卡夫卡在《变形记》最后一章所描写的把主人公从灯火辉煌、设施完备的布拉格押到昏暗的板棚处死时的感受了。

您对我诗歌的评论都很客气。但我永远不会相信夸赞我的好话，而对骂我的话却绝对相信。

随信附上1961年以来几家出版社出版的拙作目录并回答您在表格里所列的几个问题。

祝您成功。

安娜·阿赫玛托娃

为了不耽搁您，现寄上对您问题的答复：

2. 11 岁写第一首诗，1911 年春天开始发表作品，例如《阿波罗》1911 年第四期。

3. 家里谁也不赞成我的初步尝试，大家都觉得莫名其妙，我为什么要涉足诗坛。

4. 普希金。

5. 老师——安宁斯基。

8. 从未用过任何教科书——1911—1914 年间在"诗人行会"听过诗歌讨论。

在您列举的几个人中已故的鲍里斯·托马舍夫斯基是我研究普希金方面的老师，而我经常见到的朋友格奥尔吉·阿尔卡契耶维奇·申格里有时候为了研究起见也请我朗读几行诗句。

9. 我不知道创作一首诗的过程有多久，这方面请参阅我那首《犹如被某人惊起的雷声》（第 287 页）。

10. 是否对俄国诗歌有什么贡献——这不该由我评判。

## 致阿·亨·奈曼[1]

对您一系列的来信我想作如下回答。

近来我发现，读者彻底疏远了我的诗。我能够发表的东西无法满足读者。我的名字不在目前青年称颂的诗人之列（诗歌始终为青年所左右）。

虽然有上百首好诗，但它们无法挽救局面，并且将被人们遗忘。

只剩下一本形式单调、内容陈腐的平庸的诗集。人们将会感到奇怪，怎么年轻时居然迷恋于这些诗歌，却没有发现他们迷恋的根本不是这些诗歌，而是没有收入这本诗集的另外一些诗歌。

这本书将是我创作道路的终点。我无法进入目前蓬勃兴起的诗歌热潮，跟索洛古勃[2]无法跨入1917年的门槛而只能停留在1916年永远被埋没一样。我不知道自己在哪一年会遭到埋没——不过这已经不那么重要了。我在台前的时间太久，现在该退到幕后了。

---

1　阿纳托里·亨利霍维奇·奈曼（1936—　），俄罗斯诗人，翻译家。1962年起担任阿赫玛托娃的文学秘书。

2　索洛古勃（1863—1927），俄罗斯白银时代文学最具艺术成就的现代派作家之一，代表作有《卑鄙的魔鬼》《火环》等。

昨天我自己第一次通读了这本命定的书[1]。这是一部不错的三流作品。一切都融合在一起——许多花园和公园，结尾略好些，但没有人会读到底。再说人们更乐意亲自解释诗人的"彻底堕落"。我们在普希金身上已经领略过这种情况，当初所有的人都疏远他（包括朋友在内，请参阅卡拉姆津[2]的著作）。

顺便说一句（尽管这是另一个话题），我深信现在总的情况是没有诗歌读者。有传抄的人，也有背诵的人。有人把抄有诗篇的纸片藏到胸口，悄悄地念给别人听，却又要对方保证马上把听到的一切彻底忘掉，如此等等。

发表的那些诗单单形式就足以使人呵欠连连或者呕吐不止——拙劣的诗歌倒了人们的胃口。不是用语言去点燃人们的心灵，而是用押韵的词句制造无聊。

我的情况要复杂些。除了官方制造的困难和灾难外（中央两个决议），我在创作方面始终极不顺利，也许官方制造的麻烦部分地掩盖或者冲淡了主要的问题。我很快成了极右分子（不是指政治上的），马雅可夫斯基、帕斯捷尔纳克、茨维塔耶娃他们都比较左，因而比较新潮比较时髦。赫列勃

---

1　指1961年莫斯科国家文艺出版社出版的《阿赫玛托娃诗集》。

2　卡拉姆津（1766—1826），俄国作家，历史学家。著有《苦命的丽莎》和《俄罗斯国家史》等。

尼科夫[1]更不用说了——他直到如今还是个新派人物。因此，那些跟随我们的"后起之秀"始终对我怀有强烈的不可调和的敌意，比如扎波洛茨基[2]，当然还有其他人。勃里克家的沙龙有计划有步骤地跟我做斗争，颇有告密色彩地指责我是留在国内的侨民。埃亨鲍乌姆[3]那本评论我的书充满了恐吓和惊慌，生怕由于我的原因而跟不上文学前进的步伐。数十年后，这一切又转移到了国外。在国外，为了方便起见，为了放开手脚，于是就宣布我是个微不足道的诗人（哈尔金斯），这样一来要收拾我就变得很容易了，例如里波里诺在自己那本文选中就巧妙地这样做了。他不知道我在写什么，也不知道我的处境，却大声宣布我的诗才已经枯竭，大家都讨厌我，还说我自己在 1922 年已经意识到了这一点，如此等等。

这就是在这方面我想对您说的全部内容。当然我还可以举出大量的例子来证实我的这些想法。不过您未必感兴趣。

1960 年 1 月 22 日至 2 月 29 日

列宁格勒—莫斯科

---

1　赫列勃尼科夫（1885—1922），俄国诗人，俄国未来主义流派的创始人之一。代表作有《对罪人的诱惑》《铁匠》等。

2　扎波洛茨基（1903—1958），俄国诗人，与哈尔姆斯和维登斯基一起创立了先锋派团体"真实艺术联盟"。代表作有《暴风雪后的解冻》《马的脸庞》等。

3　埃亨鲍乌姆（1886—1959），俄国形式主义文论家。

## 图书在版编目（CIP）数据

镜中的缪斯 ：阿赫玛托娃诗选 ／（俄罗斯）安娜·安德烈耶夫娜·阿赫玛托娃著 ；戴骢译．—— 北京 ：外语教学与研究出版社，2017.10
ISBN 978−7−5135−9523−0

Ⅰ．①镜… Ⅱ．①安… ②戴… Ⅲ．①诗集－俄罗斯－现代 Ⅳ．①I512.25

中国版本图书馆 CIP 数据核字 (2017) 第 256327 号

出 版 人　蔡剑峰
策 划 人　方雨辰
出版统筹　张　颖
特约编辑　周欣祺
责任编辑　孙嘉琪
执行编辑　姜霁凇
封面设计　周伟伟
出版发行　外语教学与研究出版社
社　　址　北京市西三环北路 19 号（100089）
网　　址　http://www.fltrp.com
印　　刷　山东临沂新华印刷物流集团有限责任公司
开　　本　889×1194　1/32
印　　张　5.75
版　　次　2017 年 11 月第 1 版 2017 年 11 月第 1 次印刷
书　　号　ISBN 978-7-5135-9523-0
定　　价　48.00 元

购书咨询：（010）88819926　电子邮箱：club@fltrp.com
外研书店：https://waiyants.tmall.com
凡印刷、装订质量问题，请联系我社印制部
联系电话：（010）61207896　电子邮箱：zhijian@fltrp.com
凡侵权、盗版书籍线索，请联系我社法律事务部
举报电话：（010）88817519　电子邮箱：banquan@fltrp.com
法律顾问：立方律师事务所　刘旭东律师
　　　　　中咨律师事务所　殷　斌律师
物料号：295230001